Anonymous

# Reichsunmittelbarkeit, Reichsstandschaft, Landeshoheit

Anonymous

**Reichsunmittelbarkeit, Reichsstandschaft, Landeshoheit**

ISBN/EAN: 9783337197742

Printed in Europe, USA, Canada, Australia, Japan

Cover: Foto ©Suzi / pixelio.de

More available books at **www.hansebooks.com**

Reiner Vaterlandsgeist beseelt mich, indem ich diese Ideen niederschreibe. Es giebt einen gemeinschaftlichen Punkt, worinn jezt alle Teutsche zusammen treffen, sey's auch, daß sie übrigens in Rückficht auf Denkungsart und Verhältniße ganz verschieden wären.

Dieser Mittelpunkt ist der Wunsch daß dem teutschen Reiche für die Zukunft geholfen werden möge.

Als den Weg, der zu dieses Wunsches Erfüllung und zu dieser Absicht führt, sehen alle Unbefangengesinnte, sehen selbst Stände — nähere, reellere Anschließung der Glieder

der des Reichs an ihr gemeinschaftliches Oberhaupt — an. Daß dieser Weg der einzige wahre zum Ziele führende Weg seye — hievon bin ich felsenfest überzeugt. Es ist nur die Frage diese: Wie und auf welche Art diese Anschließung zu bewerkstelligen seyn möchte? Das Resultat meines Nachdenkens über dieses Problem konzentrirt sich auf den Satz:

daß wenn der Reichsunmittelbare, der Reichsstand, der teutsche Landesherr das ist und leistet, was er nach der Natur und den positiven Bestimmungen der Reichsunmittelbarkeit, Reichsstandschaft und Landeshoheit seyn und leisten soll, Anschließung der Glieder des Reichs an das Reichsoberhaupt nothwendig und unzertrennt damit vorhanden ist, indem der Geist dieser natürlichen und positiven Bestimmungen immerdar auf jene Anschließung und Hingebung hinführt, folglich durch ihre Anwendung und Befolgung das Reich gegen alle künftige Integritäts-Angriffe von innen und außen

außen gesichert, und mithin jene nähere Anschließung nicht blos eine von der Politik gebotene, sondern eine rechtliche in den alten und neuen Gesetzen gegründete Nothwendigkeit — und genau betrachtet — eine Wiederkehr zur Pflicht, eine Wiederannäherung zu der alten, einfachen Verfaßung ist.

Um diesen Satz mit der erforderlichen Evidenz auszuführen, war es meiner Ueberzeugung nach am zweckmäßigsten, die Natur und das Wesen der Reichsunmittelbarkeit, Reichsstandschaft und Landeshoheit vermittelst der Abstraktion zu analisiren, und aus der Analise allgemeine Grundprinzipien zu ziehen, sodann aber auch die positiven Bestimmungen jener drei staatsrechtlichen Verhältniße aufzusuchen, und ihre Harmonie mit den natürlichen Bestimmungen darzustellen und endlich aus diesem zusammengenommen die daraus sich ergebende Schlußfolgerung meines Satzes zu ziehen.

So

So sehr ich im übrigen auf der einen Seite meine Unvermögenheit zu einer fehlerfreien Arbeit fühle, so sehr fühle ich auf der andern Seite als ein Teutscher, der jeden Augenblick Gut und Blut für sein und des gesammten Reiches Oberhaupt zu lassen willig ist, die Vortheile, die in den jetzigen thatenleeren Tagen Teutschlands aus einer nähern Beherzigung dieser Ideen für die Zukunft fließen könnten.

Und dieß vorausgeschickt — — zur Sache!

## Einleitung.

Reichsunmittelbarkeit, Reichsstandschaft und Landeshoheit sind in unsrer teutschen Staatsverfaßung die drei wichtigen Punkte, um welche sich das Reichs-Staatsrecht — in so ferne von dem öffentlichen Verhältniße der Reichsglieder zu ihrem Oberhaupte die Rede ist — herumdreht, und die in ihrem Verhältniße zu der dem Kaiser zustehenden Reichs-Staatsmajestät ihren Centralpunkt haben. Sie sind diejenigen das Reichs-Staatssystem bildende feste Theile, aus deren zusammenstellung das ganze Verhältniß der unmittelbaren Reichsbürgerschaft zu dem Innhaber der obersten Reichsstaatsgewalt, zu dem Reichsoberhaupte besteht.

Die Rechtsbestimmungen dieser Reichsunmittelbarkeit, Reichsstandschaft und Landeshoheit fließen eines theils schon aus der Natur dieser Verhältniße selbst, und sind in sofern natürliche, anderntheils beruhen dieselbe auf der individuellen Grundgesezgebung des teutschen Staatskörpers, wo sie dann unter die Kategorie der teutschen positiven Normen gehören.

Die Geschichte des teutschen Reiches, besonders der Rükblik auf die neuesten Schicksale desselben beim zu Endegehn des 18ten Jahrhunderts,

derts, muß einen jeden unbefangenen Seher belehren, daß jene Rechtsbestimmungen nicht in der Maaße beobachtet wurden, als sie hätten beobachtet werden sollen, daß manche derselben von Seiten derer, die sie betreffen, aus falschen und irrigen Gesichtspunkten betrachtet wurden, und daß in dieser mangelhaften Beobachtung und irrigen Betrachtung der wahre Grund von dem über Teutschland hängenden schweren Wetter, von der Erschlaffung der festen Bande, welche die Glieder an das Oberhaupt binden sollten, und von allem dem liegt, was ich hier nicht ausdrücken mag, und was so mancher Reichsstand nun wol selbst am besten fühlen wird, und vielleicht nur zu spat fühlt.

Die Erinnerung an diese Rechtsbestimmungen, ihre Berichtigung und eine hieraus gezogene Darstellung des Nutzens einer künftigen treuen und gewissenhaftern Befolgung könnte meiner Ueberzeugung nach heitre Außichten in die Zukunft öffnen, und in so fern möchte auch, von dieser Seite betrachtet, die Bearbeitung dieses Stoffs wohl nicht für ganz unerheblich und entbehrlich zu halten seyn.

Ich handle also zuerst von den Haupt-Rechtsbestimmungen der Reichsunmittelbarkeit, dann von denen der Reichsstandschaft und endlich von denen der Landeshoheit.

Erster

# Erster Abschnitt.

## Reichsunmittelbarkeit.

Was ist Reichsunmittelbarkeit ihrem wahren Begriffe nach? Diese Frage hat ihre Beziehung auf die eigenthümliche Verfaßung Teutschlands als eines zusammengesezten Staates, nach welcher das Reich nicht sowohl Unterthanen einfacher Art und bloße Genoßenschaften als vielmehr ganze Staaten zu integrirenden Bestandtheilen hat, und daher in viele kleine Bezirke zerstükkelt ist, deren jeder ein der gemeinschaftlichen Reichsverbindung subordinirtes förmliches bürgerliches Sistem ausmacht. Nach dem Sistem des Reichs-Staatsrecht ist daher Reichsunmittelbarkeit die bürgerliche Abhängigkeit eines Reichsgliedes von niemand als dem Reichsoberhaupte, deßen Gerichtsbarkeit, Hoheit und Reichsstaatsregierung. Reichsunmittelbar ist demnach derjenige, welcher, ohne von einer bürgerlichen Mittelgewalt im Reiche abzuhangen, unmittelbar und einzig und allein der in den Händen des Reichsoberhauptes befindlichen Reichshoheit unterworfen ist. Ich sage: unterworfen ist, und deute damit auf das Unterthänigkeitsverhältniß, in welchem jeder Reichsunmittelbare zum Reichsoberoberhaupte steht. Reichsunmittelbarkeit ist unmittelbare Reichsunterthänigkeit, und jeder Unmittelbare, weß Stands und Würde der sey, vom angesehensten Kurfürsten bis zum Bürgermeister der geringsten Reichsstadt herunter, — ist als ein an dem Sisteme des Reichs theilnehmender Staatsbürger — Unterthan des Kaisers (als des Reichsoberhaupts,) steht unter dessen Reichsoberhauptlicher Gewalt, und gehört folglich unter die sämtliche Reichsunterthanschaft. Dieser Satz ist im theoretischen Sisteme zu fest gegründet, als daß ihn die Anfälle der Verfechter von Reichsständischen Präeminenzen zu erschüttern und aus seiner Grundfeste herauszuheben vermögend wären.

Mögen sie immerhin gegen mich auftreten, und wegen meiner uneingeschränkten Ausdehnung des Unterthänigkeitsverhältnißes auf alle und jede Reichsunmittelbare mich eines gefährlichen Irrthums um deßwillen beschuldigen, weil Kurfürsten und Fürsten in der Sprache des Reichstils nicht so benannt werden, auch keine eigentliche Reichshuldigung ablegen. Mich kann dieses nimmermehr wankend machen, nimmermehr zum Weichen bringen. Hier sind meine Gründe!

Nach den ersten Prinzipien und Grundregeln des Staatsrechts ist kein Staatsbürger, der nicht selbst die Staatshoheit inne hat, *) er mag übrigens

---

*) Man beschuldige mich hier keiner petitionis principii!

gens nach der Beschaffenheit seines Standes von noch so hoher bürgerlicher Würde seyn, von dem staatsbürgerlichen Gehorsam, d. h. von der Unterthänigkeit exemt.

Wenn auch dieser bürgerliche Gehorsam hier weniger in sich begreift, als in einem andern Staate, wo der Umfang der Staatsgewalt größer ist und der Regent davon einen weniger eingeschränkten Gebrauch hat, so ist doch dieser bürgerliche Gehorsam in seiner Wesenheit immer so lange vorhanden, als der Staat — Staat ist. Denn mit Errichtung des Staats wird die Existenz einer Staatsgewalt, und deren Korrelat — die Unterthänigkeit begründet. Diese beiden Hauptspringfedern in der Staatsmaschine treiben das ganze Räderwerk des Staates, und wenn diese zu seyn aufhören, dann ist kein Staat mehr da, der Staat ist entweder aufgehoben, oder er ist zertrümmert, oder er ist in eine andere Gesellschaft umgestaltet worden.

Reichshuldigung ist zwar bei den Fürsten des Reichs nicht in Uebung. Aber die Ursache hievon liegt einzig darinn weil sie in den ältesten Zeiten Teutschlands gleich nach der Entstehung des Reichsstaats von einer andern damals herrschenden Verpflichtungsart gegen das Reichsoberhaupt, ich

pii! — Weiter unten am gehörigen Orte werde ich zeigen, daß Standschaft, ihrer Natur nach nur Einschränkung, nicht Innhabung der Staatsgewalt ist.

ich meine von der Lehensverpflichtung, verdrungen wurde.

Da die leztere eine so genaue Personalverbindung war, so konnte man bei den damaligen Zeiten eine nebenherige Reichshuldigung für um so entbehrlicher halten als der Hauptendzweck ohnedem nur' auf Schutz und Sicherheit des Eigenthums gieng. Dem sey aber, wie ihm wolle, so hebt auf jeden Fall der blose Umstand, daß diese Reichshuldigung bei den Fürsten nicht im Gange ist, die Reichsunterthänigkeit derselben nicht auf. Huldigung ist in einem Staate, wo die Regierungsfolge überhaupt einmal bestimmt ist, ein außerwesentlicher Regiminal-Akt, durch dessen Unterlaßung in einem solchen Staate, sobald einmal der rechtmäßige Nachfolger den Thron besteigt, das Recht zur obersten Gewalt nicht verloren geht, und der bürgerliche Gehorsam ist daher seinem essentiellen Verhältniße nach nicht im mindesten von dieser Ceremonie abhängig.

All das zusammengenommen frage ich nun jeden Unbefangenen, ob es Wahrheit oder aber Irrthum sey, wenn ich behaupte, daß Reichsunmittelbarkeit in thetischer Hinsicht nichts anderes, als unmittelbare Reichsunthätigkeit ist? Ich verweile daher nicht länger hiebei, und bemerke nur noch, daß auch unsre Reichsgesetze diesen paraphrasirenden Ausdruck vollkommen rechtfertigen, indem im R. A. von 1495. Eingang und §. 10. und im R. A. von 1530.

1530. §. 76. deutlich gesagt wird, daß außer dem Kaiser alle übrigen Reichsbürger (folglich auch die mächtigsten und angesehensten Reichsunmittelbaren nicht ausgenommen) desselben **Unterthanen seyen.**

Aus dieser einzig wahren und festen Bestimmung des Begriffs von Reichsunmittelbarkeit ziehe ich nun die nachstehende, wichtige, als allgemeine Prinzipien zu betrachtende Konsektarien über Reichsunmittelbarkeit als unmittelbares Unterthänigkeitsverhältniß zum Reichsoberhaupte.

I. Jeder Reichsunmittelbare steht als solcher für seine Person und in Ansehung seiner Reichsbesitzungen unter den Reichsgesetzen.

Als Reichsunterthanen sind die Reichsunmittelbaren der in den Händen des Reichsoberhaupts befindlichen Reichshoheit unterworfen, folglich auch den Gesetzen des Reichsstaats, unter deßen öffentlicher Gewalt sie stehen, Gehorsam schuldig. Dieß fließt nothwendig aus dem Unterthänigkeitsbegriffe. Es ist daher sehr irrig, wenn man in Ansehung dieses Satzes einem theoretischen Unterschiede zwischen den Unmittelbaren Reichsunterthanen und zwischen allen übrigen Unterthanen auf unsrer Hemisphäre Statt geben will. Denn wenn gleich erstern eines hohen Grades von politischer Freiheit sich zu erfreuen haben, und die meisten derselben ganze Reichslandschaften als mit eigenthümlicher Hoheit befangene Staaten besitzen, überhaupt in dem Reiche,

als

als einer eingeschränkten Wahlmonarchie sehr viele Vorrechte sich beilegen können, so hebt dieß alles weder die Fundamental Staatsform des Reichs, noch die daraus fließende Staatshoheit des Reichsoberhaupts, und das demselben gegenüber stehende Unterthänigkeitsverhältniß auf; und es liegt daher weder in dem hohen Grade von politischer Freiheit, noch in dem Eigenthume ganzer Hoheitsbezirke, noch auch in der Reichswahlfolge ein vernünftiger Grund, warum ein Reichsunmittelbarer von der Schuldigkeit des Gehorsams gegen die Reichsgeseze exemt seyn sollte. Auch beweisen die ältern und neuern Reichsgeseze deutlich, daß sie allezeit in Beziehung auf alle Reichsunterhanen abgefaßt werden.

So sagt — um nur ein einziges Beispiel anzuführen, der L. F. v. J. 1548 V. 2. „Wir be„felen auch allen und jeden Kurfürsten, Fürsten, „Geistlichen und weltlichen Prälaten, Grafen, Her„ren, Ritterschaft und Städten und allen andern „unsern und des Reichs Unterthanen und lieben „Getreuen, ernstlich gebietend, bei den Pflichten, „Eiden und Gehorsam, so sie uns und dem heil. „Reich — zu thun schuldig sind — bei Verlierung „aller und jeglicher Freiheit und Recht, so ihrer „jeder von uns und dem heil. Reich hat, daß sie „solchen Frieden mit Ernst und treuem Fleiß hal„ten, — und — straks ohn Einred nachkommen."

Und diese allgemeine Verbindlichkeit der
Reichs-

Reichsgeseze für Unmittelbare finden wir in allen R. A. auf diese Art ausgedrückt.

II. Alle Reichsunmittelbare stehen als solche sowol in bürgerlichen als peinlichen sie betreffenden Rechtsfällen unter des Reichsoberhaupts Oberstrichterlichen Gewalt, so wie schon nach allgemeinen Staats Rechts Prinzipien der Unterthan in allen streitigen Rechtsfällen, in welche er mit seinem Mitunterthanen verwikkelt wird, unter der Jurisdiktion des Staatsregenten steht.

Ich ziehe hieraus 3 wichtige Folgerungen.

1) Der Reichsunmittelbare hat außer dem Fall der Nothwehr, oder der erlaubten Selbsthilfe, vor den von dem Kaiser angeordneten Reichstribunalen mittelst einer von diesen vorzunehmenden rechtlichen Aburtelung Recht zu geben und Recht zu nehmen, muß sich mithin aller eignen Satisfaktion und Rechtsverschaffung schlechterdings enthalten. Diese in der bürgerlichen Ordnung gegründete Wahrheit sehen wir in Betreff des teutschen Reiches ausdrüklich im I P. O. Art. 17. §. 7. mit den Worten bestätigt: „*nulli* omnino Statuum Imperii lice-„at, jus suum *vi* vel *armis* persequi, sed si quid „controversiae inciderit, *unusquisque jure expe-*„*riatur*, secus faciens reus sit fractae pacis." Unter dem Wort: „*Statuum* Imperii," sind sehr deutlichen die mächtigen und angesehenen Reichsunmitt-

mittelbaren begriffen, indem die Nichtständischen ihrer Schwäche wegen ohnedieß keine Fähigkeit zu gewaltsamen Unternehmungen haben, und daher nicht nothwendig hier mit benannt werden mußten. Doch sehe man in Ansehung dieser L. F. v. 1495. 1521. u. 1548.

2) Diesen Gerichtsstand vor den Kaiserlichen Reichstribunalen hat der Reichsunmittelbare auch dann, wenn er auf dem Territorium eines andern Reichsunmittelbaren bürgerliche Verbrechen verübt. Landesherrliche Untersuchung und Bestrafung der Verbrechen eines Reichsunmittelbaren kann hier nach dem Sisteme des Reichsrechts unmöglich statt haben, dann Reichsunmittelbarkeit involvirt ihrem Grundbegriffe nach Unabhängigkeit von aller Territorialgerichtsbarkeit; mit ihr steht paßive Territorialjurisdiktion im offenbarsten Wiederspruche. Unsere Positive Gesetzgebung weist auch deutlich auf diesen Satz hin, indem die K. G O P. II. Tit. 27. Die Reichsgerichtliche Jurisdiktion über alle und jede Reichsunmittelbare in einzig nächster Instanz zur Regel annimmt und festgesezt, und von einer Ausnahme bei keinem auf fremden Territorium begangenen Verbrechen nirgends Erwähnung thut.

Man wende mir nicht ein, daß dieser Satz der Reichsunmittelbarkeit die Richtung zu einer gänzlich zügellosen Unabhängigkeit gebe! Nein! der Oberherr des Ortes, wo von einem Reichsunmittelbaren strafbare Gewalthätigkeiten und Verbrechen began-

begangen werden, ist vollkommen befugt, den Verbrecher zu ergreifen und handfest zu machen, nur darf er nicht Richter und Rächer seyn, er muß ihn dem Kaiser überantworten; welchem einzig und allein Kriminalgerichtsbarkeit und Strafgewalt über die Reichsunmittelbaren — der Verfaßung nach zusteht.

3. Jeder Reichsunmittelbare muß der über ihn ergangenen rechtskräftig gewordenen Reichsrichterlichen Sentenz nachleben. — Ueber diesen Satz aber einen Beweiß aus der Natur der Sache und den Gesetzen zu führen, halte ich für eine unverzeihliche Zeitverderbniß.

Es sind dieß nun bekannte Wahrheiten, aber demungeachtet sahen wir bißher, wie so mancher vom Usurpationsgeist unsrer Zeit hingerißner Reichsunmittelbarer seine Unmittelbarkeit, d. h. seine Reichsunterthänigkeit und die daraus entspringende Pflicht, in Streitigkeiten mit seinem Mitbürger den reichsgerichtlichen Weg einzuschlagen, hintansezte, und eigenmächtige Beeinträchtigungen, strafbare Landfriedensbrüche, Trotz und Ungehorsam gegen Reichsrichterliche Aussprüche frevelnd sich erlaubte.

Wol schwerlich bedarf es hier eines detaillirten Belegs mit Thatsachen, mit wirklichen Verletzungen des vornehmsten und wichtigsten Grundgesezes der bürgerlichen Ordnung, und mit bekannten

B                                             Opfern,

Opfern, die der Schwächere dem Stärkeren um deß willen darbringen müßte, weil dieser aus Herrsch-und Vergrößerungsucht der Gesetze spottete. 2c. Dinge, wie diese, müßen Teutschlands Integrität immer mehr erschüttern und zuletzt zu Grunde richten; so wie hingegen einmüthige, in der Natur der Reichsun-mittelbarkeit liegende Unterwerfung der Unmittelbaren unter die Oberstrichterliche Gewalt des Kaisers und unter die Aussprüche der denselben vertretenden Reichsgerichte, die Festigkeit und Selbstständigkeit der Verfaßung um einen merklichen Grad erhöhen muß.

Und da es den Gesezen, namentlich der Exekutionsordnung gemäß ist, diejenige mit National-macht in den Schranken des bürgerlichen Gehorsams zu erhalten, welche vergeßen, daß sie Reichs-unmittelbare, d. h. an dem bürgerlichen Sisteme des Reichs unmittelbar theilnehmende Staatsglieder sind, und eben darum den Reichsgerichtlichen Entscheidungen nachkommen müßen; so wird eine gemeinschaftliche Befolgung dieses die Nationalmacht aufrufenden Gesezes, auf den Trümmern des einzelnen Anarchisten den Weg zu jenem großen Ziele künftiger Integrität — uns bahnen. —

III. Kein Reichsunmittelbarer kann sich, wenn von Verhältnißen des gesamten Reiches gegen Auswärtige d. h. von auswärtigen Reichs-staatsangelegenheiten die Rede ist, auf irgend eine — sey es nun direkte oder indirekte —

Weise

Weise von dem Reichsoberhaupte und den
übrigen Reichsgliedern trennen.

Auch dieser Satz fließt aus dem Begriffe von
Staatsbürgerschaft und Staatsunterthänigkeit, in
welchen die Reichsunmittelbarkeit sich auflöst. Jeder Reichsunmittelbare steht im Staatsverbande,
ist also keineswegs unabhängig, und kann in Sachen, wobei der gesamte Reichsstaat auf irgend eine
Art interessirt ist, nicht einseitig für sich zu Wer-
ke gehen, sondern muß sich vielmehr in allen solchen Angelegenheiten, die ein Verhältniß des gesamten Staates gegen andere betreffen, der gesezlichen Mitwirkung unterziehen.

Reichssicherheit und gemeine Reichsstaatswol-
fahrt, — dieser große Zwek jeder Staatsgesellschaft,
— ist die eigentliche Absicht des Reichsstaatsver-
bandes, und Integrität des Reichs kann daher nicht
anderst erhalten werden, als in der unzertrennten
Vereinigung sämtlicher Reichsglieder und ihrer
Kräfte unter dem allgemeinen Oberhaupte und
dessen Oberhauptlicher Direktion gegen alle und jede
inn- und auswärtige Feinde, und alle Vergewalti-
gungen des ganzen Reichsstaats. Wenn aber auch
nur ein einzelner Reichsunmittelbarer angegriffen
wird, so ist hiedurch der ganze Reichs-Staatskör-
per angegriffen, und der gemeinsame Reichsver-
band, in welchem jeder Unmittelbare, als solcher,
steht, bringt es alsdann mit sich, daß dem ange-
griffenen von gesamten Reichs wegen, kräftiger

Beistand geleistet werde. S. J. Reichs Abschied §. 178.

Eigenmächtige Trennung vom Reichsverbande, Unterlaßung der dem Reichsbürgerrechte gegenüberstehenden Reichsbürger-Pflicht, und Entziehung des schuldigen Beitrags zur gemeinschaftlichen Reichsvertheidigung im Falle einer das Reich betreffenden Beleidigung und nicht erfolgenden Genugthuung, oder im Falle einer die Integrität und Existenz des Reichsstaats bedrohenden Gefahr — steht daher mit dem Wesen, Begriff und der Natur der Reichsunmittelbarkeit eben so sehr im Wiederspruche, als A nicht zugleich A und non A seyn kann, und ist auch den positiven Bestimmungen der Reichsunmittelbarkeit schnurstraks entgegen. Der R. A. v. 1471. N. 2. §. 23. sqq. R. A v. 1498. § 58. und R. A. v. 1500 § 23 — 49. verpflichten zu gemeinschaftlicher Reichshilfe alle und jede Bürger und Unterthanen des teutschen Reichs, ohne Unterschied des Standes, der Würde, des Berufes, der Mittel- und Unmittelbarkeit.

Unwiederstehlich werde ich daher durch die Geschichte der neuern Zeiten auf die weitere spezielle Folgerung geführt, daß kein Reichsunmittelbarer, nachdem einmal ein Reichskrieg im legalen Wege der Konstitution erklärt ist, Separatkonventionen, Separatwaffenstillstände, Separatfrieden und Neutralitätsverabredungen mit dem Reichsfeinde eingehen kann, ohne die Pflicht, die auf seiner Un-

Unmittelbarkeit haftet, gröblich zu verlezen, und der Reichsstaatsverfaßung einen unverantwortlichen Stoß zu geben. Es fließt dieß schon aus der Theilnahme am bürgerlichen Sisteme des Reichs an und für sich selbst, weil kein Staatsbürger sich von der vom Staate für nothwendig erklärten Staatshülfe, sie mag in Mannschaft oder in Geld bestehen, freimachen kann, wie dann auch gewiß kein Reichsunmittelbarer bei seinem Territorialkriege mit einem Auswärtigen es für rechtmäsig halten würde, wenn eine seiner Landstädte, oder gar eine Parthie der Landstände sich den Einfall beigeben ließe, mit dem Feinde eine Separatneutralität einzugehen.

Sodann aber spricht auch die positive Reichsgesezgebung sehr deutlich und bestimmt gegen solche inkonstitutionelle, einem teutschen Reichsbürger nicht ziemende, dem Reichsinteresse zuwiderlaufende Trennungen vom Reichsverbande. Man lese den §. 86. und 87. des R. A v. 1645 *). und man wird von der Wahrheit dieser Behauptung sattsam überzeugt werden. Ich sezze diese Stelle absichtlich hieher, weil ich sie noch in keinem publizistischen Lehrbuche oder Commentar angemerkt gefunden habe, und sie mir daher von keinem Staatsrechts-

---

*) Die etwaige Einwendung, daß dieser R. A. von Kaiserlicher Gewalt diktirt worden sey, ist sehr ungegründet. Denn zur Zeit dieses Reichstags war K. Ferdinand II. mit allen Reichsständen, biß auf sehr wenige, ausgesöhnt.

rechtslehrer am allerwenigsten aber von jenem hefs tigen Vertheidiger der Separatfrieden, beherziget zu seyn scheint.

„Und demnach — sind die Worte — die von
„etlichen Ständen vor sich selbst angemaßte Neus
„tralität dem Röm. Reich sehr schädlich, den
„Feinden desselben aber zu Continuirung des Kriegs
„über die Maßen behülflich und vorträglich, zus
„mal ein jeder Kurfürst und Stand vermög
„des Landfriedens, auch deßen Handhabung
„und darauf fundirten Exekutionsordnung, wie
„auch andern Reichskonstitutionen das heil. R.
„Reich sowohl vor auswärtig als innwendigen
„Feinden mit und beneben uns aller Möglichkeit
„nach beschützen und defendiren zu helfen,
„auch die dazu nothwendige Mittel pro quota beis
„zutragen schuldig und verbunden ist, und um
„deßwillen Kurfürsten und Ständ, auch der
„Abwesenden Räth, Botschafter und Gesandte
„vor hochnothwendig ermeßen, daß derglei=
„chen angemaßte Neutralitäten expreße kaßirt,
„abgeschaft, und künftighin verboten werden,
„und solches umb so viel mehrers, alldieweil
„in den Reichsverfaßungen nicht zu finden, daß
„einigem Stand, aus was für Ursachen, Ehr=
„haften und Noth daßelb auch seyn möchte,
„zugelaßen worden, in allgemeiner Noth und
„Gefahr des Vaterlandes von dem andern sich
„abzusondern; — als setzen ordnen und wol=
„len wir, daß — — hinführo einiger Stand
„des

„des Reichs, wer der auch seye, ohne unsre
„Vorwißen und Genehmhaltung sich in dergleich
„chen hochschädliche Neutralität nicht einlaßen
„solle."

Auch in dem Reichsgutachten vom 26. Febr.
Febr. 1734. (mithin in einem lediglich von den
Ständen — ohne des Kaisers Zuthun — erklärten Wunsch und Willen) heißt es: „nach Inhalt
„des R. G. A. vom 4. Febr. 1689. beschloßen,
„daß keine Neutralität unter was Prätext
„und Vorwand es auch immer seyn könnte,
„zu gestatten sey. s. S. der N. R. A. P. IV. S. 405.

Mit unumstößlicher Evidenz glaube ich solchemnach dargethan zu haben, daß alle direkte und
indirekte Separationen vom Reichsoberhaupte in
gemeinsamen Reichsangelegenheiten konstitutions-
widrige mit der Reichsunmittelbarkeit im Wiederstreit stehende Handlungen sind, welche in unsern
neuern Zeiten eine um so größere Ahndung verdienen, als das Reichsoberhaupt mit so erhabenem
Beispiele voranging, und für die verbandmäßige
Vertheidigung des Reichs mit Nichtanwendung
seiner ihm als Reichsstand zustehenden bekannten
Exemtionsprivilegien alle seine Staatskräfte auf-
bot, alle seine Hilfsquellen erschöpfte, selbst da noch
erschöpfte, wo es sich beinahe von allen Reichsunmittelbaren Ständen verlaßen sahe *).

Daß

*) Der Kaiser hat als Kaiser im ganzen Reiche, nicht
einen

Daß nun aber aus diesen Verletzungen der rechtlichen Bestimmungen der Reichsunmittelbarkeit die allernachtheiligsten Folgen für das Ansehn und die Integrität des Reiches entspringen, dieß werde ich wohl nicht erst darthun dürfen. Die Geschichte unsrer Tage, das Aggregat so vieler Begebenheiten bestätiget diese Wahrheit, leider! nur zu sehr. Aber eben darum kann man es für die Zukunft nie genugsam wiederholen, daß alle eigenmächtige Trennungen vom Reichsverbande, alle Unterlaßungen thätiger Mitwirkung bei gemeinen Reichsnöthen, mit der Natur der Reichsunmittelbarkeit, mit den aus derselben fließenden Pflichten, mit Konstitution und positiver Reichsgesetzgebung im unverkennbaren Widerstreit stehen.

Rekapituliren wir nun alles in diesem Abschnitt vorgetragene, so ergeben sich daraus folgende ins Kurze gezogene Schlußsätze. Reichsunmittelbarkeit involvirt den Begriff von Unterthänigkeit. Sie besteht in Unterwürfigkeit unter die Reichsgesetze, in unmittelbarer Abhängigkeit von den Reichsrich-
ter-

einen Fuß breit Landeigenthum als Domaine. Nirgends ist mehr eine kaiserliche Domäne, woraus des Kaisers Aufwand und Unterhalt bestritten würde. Seine Reichsoberhauptliche Würde ist eine sterile Würde. Und dennoch fochten und fielen Hungarn und Böhmen am Rheine für — Teutschlands Rettung! Und dennoch fochten und fielen sie, nachdem das Oberhaupt längst quitt gewesen wäre! —

terſtäblen und deren Ausſprüchen, und in der unmittelbaren aktiven und poſiven Theilnahme an dem gemeinſchaftlichen Reichsſtaatsverbande. Sie iſt daher ſolchemnach weder Independenz vom Reichsoberhaupte, noch Geſezloſigkeit, Rechtsloſigkeit, und Exemtion vom Reichsſtaatsſyſteme; es ſey nun der Reichsunmittelbare groß oder klein, mächtig oder unmächtig, Kurfürſt oder Fürſt, Graf oder Reichsritter, Reichsſtadt oder Reichsdorf.

Rechtlich und nicht nur politiſch iſt mithin die Nothwendigkeit, daß alle Reichsunmittelbare durch feſte Anſchließung an ihren gemeinſchaftlichen Oberherrn mit dieſem ein unzertrennliches, untheilbares und durch Einheit charakteriſirtes Ganzes bilden. Das iſt gewiß. — Daß teutſche Staatswohlfarth, teutſche Kraft und Ennegie durch Erfüllung dieſer rechtlichen Forderung zunehmen, und die alte teutſche Unüberwindlichkeit wieder aufleben wird, das iſt eben ſo gewiß.

Ich gehe weiter. —

## Zweiter Abschnitt.

### Reichsstandschaft.

Es giebt sowohl im Reiche der moralischen Möglichkeit als auch der Wirklichkeit Staaten, die eine uneingeschränkte Regierung haben, wo nemlich der Oberherr und Regent in Führung der vor die ihm anvertraute Staatsgewalt gehörigen Geschäfte ganz frei und unabhängig, und an keine dezisive Beiziehung eines Staatsbürgerausschußes gebunden ist. *).

Es giebt aber auch Staaten, wo das Gegentheil statt hat, und der Beherrscher bei Leitung, dieser oder jener Staatsangelegenheiten vermöge eines Fundamentalgesetzes oder Fundamentalherkommens ohne vorherige Dezisozuziehung eines Staatsbürgerausschußes nichts gültiges vornehmen kann.
Staa-

---

*) Solche Staaten unbedingt für rechtlich und politisch fehlerhaft halten zu wollen, ist sehr unrichtig. Denn es kömmt hier ganz auf den der Staatsgesellschaft zum Grunde liegenden Urvertrag an, ob eine solche Beiziehung statt haben solle oder nicht. Und dann lehrt alte und neue Erfahrung, daß dieses Recht der ständischen Beiwirkung oft manches gute verhindern kann, und schon verhindert hat.

Staaten der feztern Art karakterisiren sich diesemnach durch ihre eingeschränktere Regierungsform,
d. h. durch die Einschränkung des Regiminalfaches,
und diese Einschränkung welche durch den erforderlichen Beitritt gewißer die gesammte Unterthanschaft vertretenden Staatsbürger mittelst gemeinschaftlicher Berathschlagung und Besprechung sich
äußert, wird in dem teutschen Sprachgebrauche
mit dem Namen Standschaft bezeichnet.

Standschaft ist daher solchemnach ein die
Beschränkung der vom Regenten auszuübenden öffentlichen Gewalt zum Gegenstand habendes Recht
eines Staatsbürgers, bei gewißen Staatsangelegenheiten in Verbindung mit dem Oberherrn mitzuwirken, und diese Conkurrenz vermittelst Theilnahme an den über solche Angelegenheit zu haltenden Berathschlagungen auszuüben.

Die Standschaft — als etwas nicht absolutnothwendig und wesentlich in der Form eines Staates liegendes Vorrecht, ist nun ihrem
Realumfange nach in unsern Staaten nicht durchgängig gleich. In dem einen sind es mehrere, in
dem andern weniger Staatsgeschäfte die mit Zuziehung und nach dem Dezisiv=Gutachten ständischer Staatsbürger zu vollbringen sind. Aber in
dem einen Fall wie in dem andern, und selbst
dann, wenn alle und jede Staatsgeschäfte unter
dieser Zuziehung vollbracht werden müßten, bleibt
Standschaft immer — Standschaft.

Diese

Diese Wahrheit führt mich auf 3 ontologische Folgesätze, die in ihrem natürlichen Zusammenhange vorgestellt und in ihr wahres Licht gesezt, das Wesen der Standschaft näher bestimmen, näher erschöpfen, und auf die positiven Bestimmungen vorbereiten.

I. Standschaft ist nicht Mitregentschaft.

Ein Satz, den ich wohl zu bemerken bitte *). Stände sind vermöge der Standschaft keineswegs mit dem Regenten im gemeinschaftlichen Besitze der Staatsgewalt, sie haben keinen eigentlichen Antheil an der Majestät. Bei der Ausübung ihrer Standschaft, d. h. bei der Konkurrenz zu gewißen Akten der Hoheit treten sie immer nur in der Eigenschaft beschränkender Bürger auf, welche zu der in Vortrag gebrachten Staatssache Einschränkungs- und Bestimmungsweiße mitwirken. Ihre Einwilligung oder Nichteinwilligung hat nicht eine ihnen zustehende Staatsgewalt, sondern eine ihnen in der Qualität als Unterthanen kompetirende

*) Noch hat meines Wißens kein Philosoph sich mit Ziehung der Gränzlinie zwischen Standschaft und Mitregentschaft beschäftiget. Ich lege daher freimüthig hier das Geständniß ab, daß ich nicht ohne Schüchternheit an die Analise dieses subtilen Unterschieds Hand anlege, nicht, weil ich mit der Sache selbst noch nicht im reinen wäre, sondern weil Präzision und Deutlichkeit im Feld der tiefen Abstraktion sich so gerne verlieren.

rende beschränkende Gewalt zum Grunde; in deren eigenthümlichen Besitz und Gebrauch sie übrigens dem Regenten und deßen Hoheit nicht unterworfen sind. Mit einem Worte: Stände sind als Stände nicht Mitregenten.

### Beweiß.

1) Durch die aus dem Gegentheile nothwendig folgende Aenderung der Staatsform.

Wenn Standschaft so viel als Mitregentschaft wäre, so müßte dieß in der Regierungsform eines jeden Staates, welcher Stände hat, eine wesentliche Veränderung hervorbringen.

Der monarchisch-geformte Staat würde alsdann aufhören monarchisch zu seyn, und in eine Art von aristokratischer Republick ausarten. Der Monarch wäre ja nimmer Alleinregent, nimmer Alleininnhaber der Staatsgewalt, sondern er wäre blos einer der Korregenten. Mitregentschaft der Stände hebt nothwendiger Weise die monarchische Regierungsform eines Staates auf.

Wer daher behauptet, daß die Stände dieses oder jenes allgemein als monarchisch anerkannten Staates Mitregenten seyen, der behauptet, daß der Staat eine Aristokratie oder sonst irgend eine Art von Republik seye. Denn die Behauptung,

tung, daß der monarchischen Regierungsform eines Staates unbeschadet, um der staatsgrundvertragsmäßigen Konkurrenz der Stände willen, diesen leztern zusammengenommen eine Mitregentschaft zugeschrieben werden könne, diese Behauptung, sage ich, steht mit sich selbst in einem unvereinbarlichen Wiederspruche, (ist ein Non-Ens politicum) weil das Wesen der Monarchie ja eben darinn besteht, daß die Staatsgewalt nur Einer in Händen hat, daß nur Ein Regent, nur Ein Staatscheff, nur Ein Staatsoberhaupt ist; dieses aber bei einer Mitregentschaft wegfiele.

Wahre Standschaft ändert nichts in der Fundamentalform eines Staates, und wenn der Stände Vorrecht, bei Staatsgeschäften einschränkungs- und bestimmungsweise zu konkurriren, noch so ausgedehnt ist, so gilt der Schluß auf eine zwischen ihnen und dem Oberherrn statthabende Theilung und Gemeinschaft der Staatshoheit so wenig, als ich vom Recht des Kurators in die Eigenthumsveräußerungen des seiner Pflege anvertrauten Minderjährigen einzuwilligen oder nichteinzuwilligen, auf ein dem Kurator zustehendes Miteigenthumsrecht an des Minderjährigen Vermögen schließen kann. Das Recht der Einwilligung in eine vorzunehmende Disposition — sezt nicht nothwendiger Weise eine Gemeinschaft der Innhabung zwischen dem disponirenden und einwilligenden Theile voraus.

2) Durch

2) Durch die aus dem Gegentheil nothwendig folgende Aenderung der Form des Oberherrlichen Beitritts zu Staatsschlüßen.

Wenn Standschaft eben das wäre, was Mitregentschaft ist, so müßte die Form bei gemeinschaftlicher Verhandlung von Staatsgeschäften diese seyn, daß der Oberherr in der Staatsversammlung als bloser Mitvotant aufträte, und sein Beitritt zum Gutachten der Stände durch bloses kollegialische Mitstimmung geschähe. Die Staatsgeschäfte würden von dem Oberhaupte und den Ständen mit gesamter Hand nach der Mehrheit der Stimmen entschieden. Und wenn nun vollends das Standschaftssistem in einem Staate so geordnet ist, daß die Berathschlagungen und Abstimmungen in abgetheilten Räthen der Stände angestellt werden, so würde das Oberhaupt, als bloser erster Mitvotant betrachtet, im Fall einer ungleichen Meinung der abgetheilten Räthe durch seinen Beitritt auf des einen oder andern abgetheilten Staatsraths Seite den entscheidenden Ausschlag geben können.

Alles dies stritte nun offenbar gegen die Analogie einer nichtrepublikanischen Verfaßung, und hat auch wirklich in Staaten, wo Stände den Monarchen beschränken, nicht statt, eben weil sonst der Staat eine aristokratische Republik würde.

Vielmehr treten in solchen eingeschränkt-monarnarchischen Staaten Oberherr und Stände in der Staatsversammlung als zwei ganz verschiedne Personen auf, deren keine zwar ohne die andre etwas bewirken kann, bei welchen aber auch — unter ihnen selbst — niemals von Stimmenmehrheit, niemals von einer blosen Mitstimmung des Oberherrn die Rede ist. Wie könnte auch sonst von einem Oberherrlichen Genehmigungsrechte des Ständischen Staatsgutachtens die Rede seyn? Der bloß Ständische Schluß hätte in dem Augenblicke seine allgemeine Staatsverbindlichkeit, wo er die Stimmenmehrheit für sich hat, und der dissentirende Oberherr — als bloser Mitvotant, müßte sich die Abvotirung gefallen lassen. Ja — krafthabender Mitregentschaft, d. h. kraft habenden Antheils an der Oberherrschaft müßten die Stände das Mitgenehmigungsrecht ihres eigenen Gutachtens haben! Das wäre doch aber wohl ein baarer Wiederspruch mit einer nichtrepublikanischen Staatsform; ein Wiederspruch den jeder, der die Anfangsgründe der Logik kennt, einsehen und fühlen muß.

3) Durch die äußere Form der Abfaßung eines Staatsschlußes.

Wenn Standschaft und Mitregentschaft homogene Dinge wären, so würden die auf der Staatsversammlung abgefaßte Staatsschlüße als Geseze eines Gesamtkorpus mehrer Regenten abgefaßt, publizirt und promulgirt werden. Diese Form

Form der Abfaßung ist aber in nichtrepublikanischen Staaten weder moralisch möglich, noch wirklich; sondern in diesen kann ein mit Zuziehung der Stände errichteter Staatsschluß blos im Namen des Oberherrn abgefaßt und verkündet werden, weil in der blosen Beschränkungsgewalt der die Unterthanschaft vertretenden Stände noch kein Recht der Gemeinschaft an dem Oberherrlichen Rechte Befehle zu erlaßen — liegt.

Ich bediene mich hier wiederum meines obigen Gleichnißes vom Verhältniße des Kurators zum Minderjährigen. Wenn der Minderjährige nach vorheriger Einwilligung seines Kurators eines seiner Eigenthumsstüke verkauft, so wird niemand sich beigehen laßen, den Kurator als Mitverkäufer um deßwillen anzusehen, weil er vorher in den Kauf konsentirt hatte. Vielmehr bleibt der Minderjährige — seiner Abhängigkeit vom Beifall des Kurators ungeachtet — einzig und allein der Verkäufer, und wenn daher der abgeschloßene Uebertragungskontrakt in einen förmlichen Kaufbrief aufgesezt wird, so wird auf der einen Seite der Minderjährige als Verkäufer, und auf der andern Seite der Käufer benannt, des Kurators aber wird nirgends als Mitverkäufers, sondern nur als einwilligender Person gedacht. Es ist dieß auch ganz der Natur der Sache gemäß. Denn die Frage: Ob und unter welchen Bedingungen verkauft werden soll, mußte freilich vorher zwischen dem Minorennen und dem Kurator verglichen werden, aber

C an

dem förmlichen Verkauf und deßen wirklicher
Vollziehung hat lezterer keinen Antheil, sondern
hier handelt der Minorenne allein.

Noch mehr! — Wenn ein Stammgutsbesitzer
mit Konsens der Agnaten über das Stammgut te-
stirt, so wird niemand im Ernste die Agnaten als
Mittestirer ansehen. Auch wird das Testament
niemals als ein gemeinschaftliches Testament des
Stammgutsbesitzers und der Agnaten, sondern immer nur als lezte Willenserklärung von jenem abgefaßt werden.

Eben so wird nun auch bei eingeschränkten —
nichtrepublikanischen Staaten die Frage: ob und
wie der Staatsschluß errichtet werden solle, zwischen Oberherrn und Ständen vorher verglichen,
aber sobald dieß geschehen ist, so hat auch das
Recht der ständischen Mitwirkung sein Endziel.
Denn zu der Errichtung eines Gesezes einschrän-
kungs- und bestimmungsweiß mitwirken, und ein
Gesetz geben, sind zwei sehr verschiedene Dinge.
Das leztere ist Sache des Oberherrn. Nur der
Oberherr kann gegen die Unterthanschaft befehlend
auftreten, die Stände können es nicht, weil sie
keine Staatsgewalt haben. Nur vom Oberherrn
kann die jedesmalige Aeußerung der gesezgebenden
Gewalt geschehen. Denn die Stände sind an und
für sich selbst Unterthanen, und repräsentiren die
Unterthanschaft. Sobald sie ihre Funktion als
Stände mittelst Einwilligung in die oberherrliche
Propo-

Propofition verrichtet haben, so kehren sie wieder in die Sphäre des Unterthänigkeitsverhältnißes zurük; wo sie unmöglich als Mitbefehlende Theile auftreten können, anerwogen Unterthanen als solche sich nicht selbst öffeneliche Befehle geben, indem eine solche öffentliche Antonomie der Unterthanschaft, als solcher, mit der Natur und dem Wesen einer Staatsgesellschaft stritte.

4) Durch die aus dem Gegentheil nothwendig folgende Aenderung mit der Zwischenregierung.

Die Regierungsfolge in einem Staate beruht entweder auf dem Erbrecht oder auf der Wahl. In Erbstaaten wie in Wahlstaaten läßt sich vom Tode des Monarchen bis zum neuen Regierungsantritt eine gewiße Zwischenzeit gedenken, die durch eine interimistische Regierung ausgefüllt wird, ja es ist dieselbe wirklich und nothwendigerweise alsdann vorhanden, wenn in Erbstaaten keine Verordnung für den unmittelbaren Eintritt des Erben getroffen ist, und in Wahlstaaten es an einer vor Abgang des Regenten gewählten Person fehlt, die das Recht hätte, den Regenten unmittelbar zu ersetzen. Wenn dann nun in einem nichtrepublikanischen Wahlstaate eine solche Zwischenzeit eintritt, so würde es, falls Standschaft und Mitregentschaft einerlei wäre, keiner eigenen Interimsregierung einer besonders dazu zu berechtigenden Person bedürfen. Denn mit dem Oberherrn stürbe

ja

ja nur ein einzelner Korregent, und der Tod eines einzelnen Korregenten könnte, da die Staatshoheit auf dem ganzen Korpus der Stände mithaftet, keikeinen Stillstand in der öffentlichen Regierung machen, der eines Zwischenregenten bedürfte; so wenig als in einem Collegio oder einer Gemeinheit der Tod eines einzelnen Mitgliedes der Errichtung eines bindenden Collegialschlußes im Wege steht.

Es wäre höchst überflüßig und unrepublikanisch etliche Zwischenregenten zu ernennen, da es nicht an Staatsgliedern fehlt, welche vermöge des ohnedieß habenden Antheils an der Regentschaft die Staatsgeschäfte fortdirigiren, und zu dem Ende die nöthigen Befehle und Verfügungen ergehen laßen könnten. Zum deutlichen Beweiße aber, daß Standschaft nicht Mitregentschaft ist, ermächtigen sich bloße Stände in dergleichen Wahlstaaten nicht der Staatsverwaltung, sondern es werden Verweser (Vicarii) niedergesetzt, um in der auf die Thronerledigung folgenden Zwischenzeit die Staatshoheit zu verwalten.

Alles das bisherige zusammen genommen bestätiget also den unwiderleglich wahren Kardinalsatz, daß Staatsstandschaft keine Mitregentschaft ist, daß vielmehr die Metapolitik zwischen beiden eine scharfe — bisher von den Staatsrechtslehrern noch unbearbeitete — Gränzlinie gezogen hat.

Die-

Dieſer Satz iſt inzwiſchen hier blos ein Vorderſatz, und führt mich nun auf die Ableitung des zwoten wichtigen die Natur der Standſchaft betreffenden Axioms:

II. Stände bleiben ihrer Standſchaft ungeachtet, Staatsunterthanen, Standſchaft macht ſie niemals unabhängig im Verhältniße zum Oberherrn des Staates.

### Der Beweiß

hievon liegt in dem bißherigen. Nur derjenige Staatsbürger, der mit der Staatsgewalt bekleidet iſt, iſt vom bürgerlichen Gehorſam frei, und ſteht nicht unter den Geſezen *) des Staats. Alle übrigen Staatsbürger, ſtehen in der Sphäre der Unterthänigkeit.

Nun habe ich aber gezeigt, daß Stände keine mit der Staatsgewalt bekleidete Staatsbürger, keine Mitregenten ſind, folglich habe ich auch bewieſen, daß ihre Standſchaft, ſo frei und ungehindert übrigens der Gebrauch derſelben ſeyn muß, das Unterthänigkeitsverhältniß zum Oberherrn des Staates in allen übrigen Dingen nicht aufhebt.

Stände

---
*) Ich ſage: Geſezen und nicht: Staatsfundamentalgeſezen.

Stände stehen also vor wie nach unter den Staatsgesezen, und wenn sie bei der Errichtung derselben das Mitwirkungsrecht haben, so ist es für sie gedoppelt ruhmlos, selbige unbefolgt zu lassen; wenigstens kann eine Gesezübertretung dem gemeinen Unterthanen immer noch eher verziehen werden, als demjenigen Unterthanen, der als Stand das Gesez mit errichten half. Das Gefühl muß einen jeden von dieser Wahrheit überzeugen, über welche sich Foliantenschreiben ließen.

So gewiß übrigens Standschaft nicht in einer sclavischen Conkurrenz zu Staatssachen besteht, so gewiß die Stände in Ansehung ihres Standschaftsrechtes, und deßen eigenthümlichen Besitzes und Gebrauches dem Regenten nicht unterworfen sind, so gewiß ist es auf der andern Seite, daß Standschaft als ein das Staatswohl bezweckendes Recht, zugleich die Pflicht involvirt, mit Hintansetzung aller Partikular-Rüksichten zum gemeinen Besten mitzuwirken, und insonderheit zu den wohlgemeinten, die Staatswohlfarth befördernden Absichten des Oberherrn mit aller erforderlichen Thätigkeit und Kraft beizutragen. Einseitige Trennung, hinterlistige Theilung des Gesamtintereße's, egoistische Schwächung und Zerrüttung des gegenseitigen Vertrauens und eigensinnige Versagung eines durch das Wohl des Staats gebotenen Beitritts zum oberherrlichen Willen, ist gewiß der Weg nicht, der zur Erreichung des Zweks der Standschaft führt. Dieser Satz deucht mir

mir eben so sehr wahr zu seyn, als er auf der andern Seite in manchem Staate eine dringende Empfehlung und nähere Beherzigung verdienen möchte.

III. Staatssachen, die vor die Oberherrliche gierung allein gehören, machen die Regel und ständische Staattagssachen die Ausnahme.

In Staaten, wo gewiße Staatsangelegenheiten vom Oberherrn und deßen Regierung allein besorgt werden, bei andern hingegen die Stände konkuriren, entsteht unter den Staatssachen selbst der wichtige Unterschied zwischen Oberherrlichen Regiminal- und zwischen Staatstagssachen. Erstere leitet und dirigirt der Oberherr nach seinem eignen Gutdrünken und höchstens mit Zuziehung seiner bloß konsultative Stimme habenden Ministers, letztere hingegen gehören in die gemeinschaftliche Versammlung des Oberherrn und der Stände. Das Verhältniß, in welchem beiderlei Staatssachen gegeneinander stehen, beruht zunächst auf der Bestimmung des Umfangs und der beiderseitigen Gränzen, welche aus den ausdrüklichen und stillschweigenden Staatsgrundverträgen zu schöpfen ist. Der Umfang mag aber bestimmt seyn auf welche Art er will, so bleibt es eine aus der Natur nichtrepublikanisch geformter Staaten fließende Wahrheit, daß oberherrliche Regiminalsachen sich zu Staatstagssachen verhalten, wie die Regel zur Ausnahme; daß nemlich in Zweifelsfällen, wo die staatsgrund-

gesetz

geſetzliche Beſtimmung der Grenze dunkel, oder zweideutig oder beſtritten wäre, von beiden hiebei intereßirten Theilen, der Oberherr und ſein Regierungskollegium immer die rechtliche Präſumtion für ſich, und das Korpus der Stände hingegen ſelbige gegen ſich hat.

## Beweiß.

1) Durch die Außerweſentlichkeit der Standſchaft in einem Staate.

Nach allgemeinen Prinzipien der Staatslehre ſind Stände nichts weſentliches in einem Staate. Das Daſein einer Standſchaft iſt keine abſolute vom Recht gebotene Nothwendigkeit, ſondern hängt lediglich von poſitiven Staatsfundamentalverträgen und Obſervanzen ab. Standhaft gehört daher ganz in das hypothetiſche Staatsrecht. Hingegen Oberherr und Regent iſt in jedem Staate abſolut nothwendig, lezterer mag nun auf dieſe oder jene Art geformt ſeyn. Denn die Seele des Staats und ſeine weſentliche Karakteriſtik, wodurch ſich derſelbe von allen andern Geſellſchaften unterſcheidet, iſt die öffentliche Zwangsgewalt über die Staatsglieder. (imperium) Staatsgewalt gehört daher unter die abſolute Rechtserforderniße einer bürgerlichen Geſellſchaft.

Mithin muß die beſchränkende Gewalt der Stände und deren Konkurrenz immer erſt durch

Poſi=

Positivgeseze und Observanzen nach und nach erhalten und bestimmt werden. Dergleichen Positivbestimmungen gehören aber in die Sfäre der Thatsachen, und können mithin niemals vermuthet werden; sondern die Vermuthung geht immer dahin, daß es bei dem, was nothwendig aus der Natur des Staates fließt, belaßen worden sey. Gesetzt also, es wäre der bei weitem größere Theil von Staatssachen durch ein Gesez oder Herkommen zu Staatstagssachen gestempelt worden, so ist dieß immer etwas positives, beruht auf dem Faktum der Positivbestimmung, und berechtiget nicht im mindesten zu dem Schluße, daß in einem solchen Staate Oberherrliche Regiminalsachen aufhörten die Regel zu seyn. Eine Regel, wenn sie auch Millionen Ausnahmen hätte, bleibt dennoch — Regel. Am allerwenigsten können positive Ausnahmen eine allgemeine Regel als Regel aufheben. Noch weniger können sie als blose Fakta gegen die Regel präsumirt werden. Der Regent, der die Staatsmajestät allein in Händen hat, kann daher im Zweifelsfalle eine Staatssache mit Recht als für sich allein gehörig ansehen, weil es in diesem Fall nach Prinzipien des absoluten Staatsrechts gehalten werden muß, und weil aus dem Gegenteile der irrige Grundsaz resultirte, daß außerwesentliche positive Limitationen und Bestimmungen allezeit rechtlich vermuthet werden müßen, — ein Grundsaz der gegen alle Rechtsanalogie, die keine Thatsachen — Präsumtion kennt, stritte.

Man

Man wende mir hier nicht ein, daß meine Behauptung bei denjenigen Staaten wegfallen müße, die nach der einstimmigen Lehre der Publizisten und Statistiker eine eingeschränkt- monarchische Verfassung haben haben, weil wegen der eingeschränkt monarchischen Form auch überall für die Einschränkungsgewalt der Stände die rechtliche Vermuthung streite. Dieser Einwurf würde auf eine wahre petitionem principii hinauslaufen, und immer unzureichend seyn, da schon der Begriff Einschränkung ein Ausnahmeverhältniß eines Dinges zu einem andern Dinge involvirt.

2) Durch die aus dem Gegenteil fließende Unerreichbarkeit des Staatszwecks bei dringenden Fällen.

Es giebt Fälle dringender Noth, bei welchen dem Staate nicht anders geholfen werden kann, als durch eine von Seiten des Oberherrn im Namen des Staates schleunig zu treffende Verfügung. Wenn nun ein solcher Fall dringender Noth eintritt, und es zweifelhaft ist, ob die Sache vor das oberherrliche Ministerium oder aber in die Staatsversammlung der Stände mit dem Oberherrn gehört, so würde aus dem Satz, daß die Präsumtion für das leztere streite, die höchst nachtheilige Folge entstehen, daß bei dem ungleich langsamern Gange der Verhandlung solcher Staatssachen der Moment einer schleunigen Abhilfe ungenüzt vorübergehen könnte. Hierunter würde also das Wohl des Staates

-Noth

Noth leiden, und mithin der Zweck des Staates verfehlt. Dieß kann nie der Wunsch und Wille der Unterthanschaft seyn, die von den Ständen repräsentirt wird, und folglich wird hiedurch der Satz, daß die Präsumtion immer für den Oberherrn streite, aufs neue bestätigt. Daß übrigens dergleichen Fälle besonders in Verhältnißen zu auswärtigen Staaten, z. B: bei Kriegs- oder Friedensangelegenheiten öfters eintreten können, indem die auswärtige Nation sich immer zunächst an den Oberherrn wendet, daran wird um so weniger zu zweifeln seyn, als die Staatengeschichte älterer und neuerer Zeiten uns viele dergleichen aufbewahrt hat.

Dieß von der Standschaft im allgemeinen! Dieß von den Bestimmungen, die nothwendig aus ihrem Begriff und ihrer Wesenheit fließen!

Alle diese aus der reinen Abstraktion als der Urquelle geschöpften Grundregeln müßen nun um ihrer Allgemeinheit willen bei den Ständen eines jeden Staates in concreto, folglich auch bei denen des teutschen Reichsstaats in Anwendung treten; und diese läßt sich von selbst machen.

Ich habe aber nun noch zu zeigen, daß unsre Reichspositivgesetzgebung mit jenen abstrakten allgemeinen Grundprinzipien harmonirt, und diese mithin von gedoppelt verbindlicher Kraft für die teutschen Reichsstände sind. Zu diesem Ende lege ich
meine

meine bißherige Ideenreihe zum Grunde, und entwikle kürzlich, daß die teutschen Reichsstände auch nach den positiven Reichsgesezen keine Reichsmitregentschaft von sich prädiziren können, daß sie ihrer Reichsstandschaft ungeachtet Reichsunterthanen bleiben, und daß Comitialsachen sich zu den für das Reichsoberhaupt allein gehörigen Sachen, wie die Ausnahme zur Regel verhalten.

I) **Die teutsche Reichsstandschaft ist nicht Reichsmitregentschaft.**

Diese Wahrheit läßt sich nicht nur aus positiven Reichsgesezen, sondern auch aus der monarchischen Staatsform des Reiches, aus selbst eignen Deklarationen der Stände, und aus der Verhandlungsart der Reichstagsgeschäfte entnehmen.

Wenn wir die Geschichte der teutschen Reichsstandschaft biß zu ihrer Entstehung zurük verfolgen, so werden wir nirgends finden, daß die Stände jemals als Mitregenten auf der Reichsversammlung auftraten. In den ersten Zeiten des römisch teutschen Kaiserthums hatte die Standschaft und das Ständische Wesen noch gar nicht Sistem, Interesse und Regelmäsigkeit. Karl der Große und seine Nachfolger hielten zwar Reichsversammlungen, worinn über die Nothdurft und das Beste des Reiches berathschlagt, und von den Ständen ein jedesmaliges Gutachten erstattet wurde. Allein genau betrachtet bestand jene Ständische Konkurrenz mehr

in

in Ablegung eines räthlichen Bedenkens als in dezisivem Stimmrecht. Denn der Kaiser nahm zwar oftmals die Rathschläge der Stände an, öfters aber gieng er auch gänzlich davon ab. Die Geschichte hat uns solche Fälle aufbewahrt, wo Karl der Große, bei der Frage, ob der Reichskrieg gegen Italien, oder aber gegen die Sachsen geführt werden solle? gerade das Gegenteil von demjenigen that, was die Reichsstände für gut befunden hatten. Erst nach der Karolingischen Periode gegen die mittlere Zeiten hin erhielt die Reichsstandschaft allmälig mehr Ausdehnung, Interesse, Gewicht und Einfluß, und erst von dieser Zeit wissen wir mit Zuverläßigkeit daß die Stimmen der Reichsstände nicht bloße Konsultativ- sondern Dezisivkraft hatten. Und so erweiterten allmälig die Reichsstände in den ihnen günstigen Zeitpunkten den Einfluß der Reichsstandschaft in das Reichsregierungssistem, und gaben ihr den Umfang, den wir in der heutigen Gestalt des Reiches erbliken. Aber niemal traten sie als Mitregenten auf, nie legten sie sich die Majestät oberster Mitbeherrscher des Reiches bei. Es brachte dieß auch die monarchische Urform des Reichsstaats mit sich, daß alle an dem Sistem des Reichs theilnehmende Bürger, Unterthanen von dem mit der höchsten Gewalt bekleideten Reichsoberhaupte waren. Eine wesentliche Majestät aber müßte von aller Unterwerfung ganz frei seyn. Jene monarchische Urform hat sich auch durch alle Zeiten, durch alle Ereignisse und Partikularrevolutionen hindurch erhalten, und noch heutiges

tiges Tages ist ihre Existenz von den Reichsständen einmüthig anerkannt.

Selbst zu einer Zeit, wo dieser Staatsform des teutschen Reiches die gewaltsamste Erschütterung drohte, und der ständische Usurpationsgeist in Religionsprätexte eingehüllt und von auswärtigen Waffen unterstüzt so weit um sich griff und so vieles an sich riß, als er nur immer konnte, ich meine zur Zeit des Religions- und des darauf erfolgten Westfälischen Friedens wurde die Existenz, dieser Form von den Reichsständen anerkannt und vertheidigt.

Auf dem Naumburgischen Kongreße v. J. 1561 gaben die Evangelischen Stände dem Pabste, der sich eine Hoheit über das Reich bei Gelegenheit der Religionsstreitigkeiten anmaßen wollte, mit teutschem Gefühle zu erkennen, „daß sie keinen andern „Oberherrn, als den Kaiser hätten. *Nul-„lius autoritatem vel jurisdictionem quam Im-„peratoris sui. Caesaris Ferdinandi agno-„scunt* \*). Weit entfern also sich eine Reichsmitregentschaft beizulegen, erklärten sie gerade das Gegentheil davon, daß nemlich nur dem Kaiser die Oberherrschaft über das teutsche Reich zustehe, als welche Erklärung alle Theilung der dem Kaiser zustehenden Reichshoheit aufhebt. Hier haben wir

---

\*) Horn Historie des Naumburgischen Convents, §. 79. Maier teutsches weltlichen Staatsrecht, Th. I. p. 164.

wir also das eigne Bekänntniß der Stände und zwar solcher Stände die zur Zeit jener Erklärung eben nicht in dem besten Einverständniße und Vernehmen mit dem Kaiser standen. Ihre deutsche Anhänglichkeit an Verfaßung, ihr teutsches Ehrgefühl, und ihre feste Ueberzeugung legte ihnen jene ewig merkwürdige Worte in den Mund, von welchen zu wünschen wäre, daß manche ihrer heutigen Nachfolger sich der Betrachtung derselben widmeten, und dadurch zu einer rühmlichen Nachahmung entflammt würden, statt sich von trennender Autorität leiten zu laßen, die am Ende ihnen selbst zu einem empfindlichen Nachtheil gereichen könnte.

Auch war es eben diese Sprache, die auf dem westphäl. Friedenskongreße herrschte, wo es der Lokungen und Versuchungen zu einer Umgestaltung der bisherigen monarchischen Verfaßung so viele gab, und wo von Seiten der Krone Frankreichs alles aufgeboten wurde, das Reich in einen aristokratischen Staatskörper umzuwandeln, und durch Vorspieglungen die Stände zur Schöpfung einer vielköpfigten Staatsmaße zu bewegen.

Auch dort war Reichspatriotism noch viel zu fest, als daß das Korpus der Reichsstände fähig gewesen wäre, das alte ehrwürdige Staatssistem zu verleugnen, oder ihm den Todesstoß zu geben, oder sich vom Reichsoberhaupte völlig zu trennen. Weit entfernt die monarchische Regierungsform des teutsches Reiches zu bestreiten, oder dem Kaiser die

al-

alleinige Innhabung der Reichsstaatshoheit zweifelhaft zu machen, trachteten sie blos nach Befestigung der Standschaft, hergebrachter Rechte und Freiheiten, und einzelner strittiger Befugniße, erkannten die Oberherrschaft des Kaisers allenthalben an, und nannten ihn in jener so wichtigen Erklärung auf dem Kongreße ihren „Summum principem." *)

Ich glaube dergleichen freiwillige, ungezwungene selbsteigene Erklärungen der Stände sind viel zu überzeugend als daß man an dem Nichtvorhandensein einer ständischen Theilnahme an der Reichsstaatsgewalt selbst noch einen Augenblick zweifeln, und mit dem Ausländer Bodin oder dem entrüsteten Hippolithus a Lapide an eine Aristokratische Reichsform d. h. an eine Reichsmitregentschaft der Stände glauben könnte.

Es führt aber auch die Art der Abfaßung älterer und neuerer Reichsgeseze und Reichsschlüße eben so überzeugend auf das Nichtvorhandensein jener Mitregentschaft. Denn

1) wird die Reichsständische Konkurrenz zu der Kaiserlichen Reichsregierung nie anders ausgedrükt, als durch: „Ermeßen und Bewilligung, oder: „Rath und Zuthun" oder: „einmüthigem „zeitigem Rath und Willen, auch: Zugeben und An-

*) s. Moiern. Acta Pac. Westphal. P. I. p. 751.

„Annahmten, Gutachten und Konsens der Stände" (*Suffragantibus* et consentientibus statibus Imperii.) Offenbar erhellt hieraus nicht mehr und nicht weniger als eine beschränkende Gewalt der Stände. Denn wäre die Reichsstandschaft eine Mitregentschaft, so würden die Stände gleich nach dem Kaiser als Koimperanten genannt und ausgedrükten werden müßen, und sie würden auch ihre Stimmen auf den Reichsversammlungen nicht mit Bezeigung tiefster Unterthänigkeit und Gehorsams gegen den Kaiser ablegen \*). Wäre sie aber bloße Rathgebung, so würde höchstens des Raths, nicht aber eines Konsenses erwähnt werden können;

2) Treten bekanntlich auf dem Reichstage Kaiser und Stände von den ältesten Zeiten her als zwo verschiedne Personen auf. Wäre Gemeinschaft der Hoheit und Regierung, so müßte hier Gleichheit, und nicht Verschiedenheit seyn. Die Stände erscheinen nicht als Reichsoberherrn, sondern blos als das die Ausübung der Reichshoheit beschränkende Korpus, und das Oberhaupt er-

---

\*) Die R. A. v. 1521, 1524, 1556, 1567 enthalten, z. B. deutlich die Worte: Kurfürsten, Fürsten und Stände haben, Uns zu allerunterthänigstem Gehorsam, verglichen, entschloßen; haben Uns zu freundlichem allerunterthänigstem Gehorsam bewilliget. Auch sehe man hierüber alle neuern Reichsgutachten.

D

erscheint — nicht als Korregent, sondern als ausschließlicher Besitzer der Reichsgewalt, der der jedoch nach Grundgesezen an das Zuthun der Stände gebunden ist, von dem aber das aus den ständischen Berathschlagungen resultirende Reichsgutachten genehmiget seyn muß, wenn wenn es verbindliche Gesezeskraft erhalten solle, und von dem — ganz nach eignem Gutdünken diese Genehmigung versagt werden kann.

Wer dieses Verhältniß, wer diese Art des gegenseitigen ungleichen Beitritts genau betrachtet, und alsdann doch noch an eine Reichsmitregentschaft der Stände glaubt, der scheint in meinen Augen nicht von reinem Wahrheitsinteresse bei seinen Betrachtungen geleitet zu werden, und einem solchen gebe ich daher nur kürzlich noch die wichtige Bemerkung zu bedenken, daß wenn jene Mitregentschaft wirklich existirte, das Reichstägliche Verfahren nothwendiger Weise ein ganz andre Form von jeher gehabt, Gesamtthun und Gesamtverhandlung des Kaisers und der Stände als eines ungetheilten Körpers die eigentliche Form gewesen seyn, und das Recht des Kaisers in einer blosen Mitstimmung bestanden haben müßte, welchem Umstande aber die Notorietät vom Gegentheile wiederspricht.

3) Die Kundmachung der Reichsschlüße bestätiget endlich gleicherweise den bißher durchgeführten Satz

Satz. Der Reichsschluß wird als ein vom Kaiser vermöge seiner Majestät — auf vorher eingeholtes Gutachten der Stände — errichtetes Gesez publizirt *). Im Fall einer Mitregentschaft der Stände wäre dieß eine fehlerhafte einseitige Publikation eines einzelnen Korregenten.

II. **Reichsstände bleiben ihrer Standschaft ungeachtet Reichsunterthanen.**

Da die Reichsstände nicht Reichsmitregenten sind, so folgt hieraus von selbst, daß sie in allen ihren übrigen Verhältnißen eben so wie die übrigen Bürger des Reichsstaats, Reichsunterthanen bleiben. Denn außer dem Oberherrn ist im Staate kein Mitglied, seine Vorrechte seyen auch noch so groß, von der Staatsgewalt exemt.

Dieser Satz ist an sich schon so klar, daß er keiner weitern Diskußion bedarf. Und in Ansehung der Positivgesezgebung hierüber berufe ich mich auf die oben bei der Reichsunmittelbarkeit angeführte Gesezstellen, nemlich den R. A. von 1495. Eing. §. 10. und den R. A. v. 1530. §. 76 **).

Aber

---

*) Die Unterschrift der Stände und das Siegel einiger unter ihnen bei Reichsabschieden hat blos den urkundlichen Beweiß der geschehenen ständischen Konkurrenz zum Zweck.

**) Eben daher werden auch die Reichsstände vom Reichs-

Aber die Folgesätze, die aus diesem Satze fließen, sind so unendlich und so reichhaltig an Stoff zu

Reichsoberhaupte verpflichtet — zu Treue und Gehorsam, welches zugleich ein abermaliger Beweiß gegen die Reichsmitregentschaft ist. Denn Zusage des Gehorsams ist für den, an welchen sie geschieht, ein Merkmal der Hoheit und Oberherrschaft über den zusagenden. Man wende mir nicht ein, daß die Reichsstände gewöhnlich schwören: dem Röm. Kaiser und dem Reich treu und gehorsam zu seyn. Diese Formel beweißt nicht, was sie beweisen soll. In den ältesten Zeiten des teutschen Königthums, unter Karl dem Großen, dem Stifter desselben, geschah des Reiches keine Erwähnung, die Stände legten vor dem König allein den Verpflichtungseid ab; (wie solches selbst *Hippolithus a Lapide* eingestehen muß; in Libr. de ratione status I. I. P. VII.) und noch im L. F. von 1521. Tit. 17. §. 2. spricht der Kaiser die Worte: „Befehlen Wir Euch (Ständen) bei den Eiden und „Pflichten, die ihr Uns von des Reichswegen insonderheit gethan, und bei der Gehorsam, die ihr Uns „als Römischer Kaiser schuldig seyd." Auch hier also kommen die Worte „und dem Reich" nicht vor. Der unstete Gebrauch dieser Worte und die Betrachtung der teutschen Staatsverfaßung muß uns daher auf den Schluß führen, daß diese Worte nichts anders bedeuten sollen, als daß dem Kaiser Treue und Gehorsam zunächst in Rücksicht auf den von ihm zu regierenden teutschen Staatskörper, um des Reichswillen, und nach seinem Verhältniße gegen das Reich, daß sie ihm als Kaiser, d. i. in Ansehung Sr. Reichsoberherrlichen Würde von den Reichsständen gelobt werden.

zu lehrreichen Bemerkungen für die Stände des Reichs, daß sich ein großes Buch darüber schreiben ließe.

Reichsstandschaft berechtigt nicht zu Reichspflichtverlezungen und zu eingebildetem Stolze. Auch der Reichsstand ist an die Geseze des Reichs gebunden, als Miterrichtender Theil doppelt gebunden. Sie, nicht Irrlichter und Fantome, sollen ihn leiten. Sie führen ihn zur schönen unzertrennten Verbindung mit dem Reichsoberhaupte, auf dem Reichstage, zu einer Verbindung, worauf der Geist der vaterländischen Verfaßung allenthalben zielt. Ihre Nichtbefolgung zertrümmert die Felsenmauer Teutschlands — seine Einheit; zerschneidet die Reichsversammlung, und rächt sich früher oder später an dem Einzelnen, der das Ganze aus Wuth für Unabhängigkeit und Individualintereße frevelnd auf das Spiel sezte. — Wahrheiten, die mit so mancher andrer Wahrheit das Schiksal haben, daß sie anfänglich verkannt, und dann zu spat erkannt werden! — —

III. Kaiserliche Reichsministerialsachen verhalten sich zu den Comitialsachen wie die Regel zur Ausnahme. Bei jedem Reichsregierungsgegenstande streitet für die erstere die Präsumtion.

In dem teutschen Reiche gehört bekanntlich ein Theil der Reichsregierungssachen vor das Reichsoberoberhaubt und beßen Ministerium allein, ein anderer Theil hingegen für den Reichstag. Erstere Sachen nenne ich Kaiserliche Reichsministerialsachen *), leztere hingegen Comitialsachen.

Die Grenzscheidung zwischen beiderlei Gattungen von Reichssachen muß in den positiven Reichsgrundgesezen gezogen werden. Wenn nun aber, wie dieß bei unsern Reichsgrundgesezen hier wirklich der Fall ist, keine spezifike Auseinandersonderung und Klaßifizirung der beiderlei Reichssachen gemacht ist, sondern blos im allgemeinen die Gattungen bestimmt worden sind, folglich ein großer Theil der Sachen nicht namentlich ausgedrükt da steht, sondern blos in der Analogie liegt, so kann sich bei vorkommenden unbestimmten Fällen leicht ein Streit darüber erheben, unter welche der beiden Gattungen die Sache gehören möchte, die zu besorgen ist. Natürlich kömmt hiebei zunächst die Frage in Erwägung, ob dem Kaiserl. Reichsministerio oder aber dem Reichstage die Präsumtion zuzueignen sey? Und hier behaupte ich nun, daß für das erstere, nemlich für die Gattung der Kaiserl. Reichsminiꞏ

sterial-

*) Ich bediene mich absichtlich dieses Ausdrucks, weil das von mehreren Publizisten gebrauchte Wort: Reservatsachen, hier sehr unpaßend ist. Reservat sezt immer eine Entäußerung voraus. Die Geschichte aber weiß nichts davon, daß irgend ein Kaiser die ganze Reichsmajestät in ihrem vollen Umfange, blos mit Vorbehalt einzelner Rechte an die einschränkende Gewalt der Reichsstandschaft durch Uebertragung eines Miteigenthums förmlich überlaßen hätte.

terialsachen die Vermuthung streite. Mein Grund liegt darinn, weil es die monarchische Staatsform des Reiches mit sich bringt, daß der Kaiser als der alleinige Oberherr und wahre Regent des Reichsstaats in Reichsangelegenheiten diese Vermuthung für sich habe, und hingegen die Stände den Beweiß von der positivgesezlichen Stemplung der Sache zu einer Comitialsache — führen. Da aber die Gegner meines Satzes, welche den Ständen die Präsumtion zueignen, sich hauptsächlich darauf berufen, daß ein positives Grundgesez des Reiches jenen aus der Natur der monarchischen Form fließenden Satz abgeändert, und alle Reichssachen in der Regel zu Comitialsachen gestempelt habe, so führt mich dieß sogleich auf die nähere Darstellung jenes positiven Reichsfundamentalgesezes, die, wie ich glaube, die Richtigkeit meines Satzes unfehlbar bestätigen muß.

Jene Schriftsteller berufen sich nemlich hier auf den Art. 8. §. 2. des J. L. O  Dort, sagen sie, wurde bestimmt, daß Kurfürsten, Fürsten und Stände in allen Berathschlagungen über Reichsangelegenheiten ein freies Dezisiostimmrecht haben sollen. Weder eine von den im §. exemplifikativisch angemerkten Reichssachen, noch eine demselben ähnliche, soll jemals anders als mit freiem Comitialkonsens der Reichsstände ausgeführt werden. Allein wenn ich diese Stelle genau betrachte, so sehe ich schlechterdings nicht, wie darinn alle Reichssachen in der Regel für Comitialsachen

sollten

sollten erklärt worden seyn, und mithin hieraus eine Präsumtion für den Reichstag folgen könnte. Der Grundtext sagt: „Gaudeant omnes et singuli „Electores, Principes et status imperii sine contra-„dictione jure suffragii *in omnibus delibe-„rationibus super* negotiis imperii." Er sagt aber nicht schlechthin: in *omnibus negotiis* imperii. Dieß ist ein sehr wichtiger Unterschied, deßen Bemerkung die gegentheilige Behauptung völlig aus dem Wege räumen muß. Man sieht deutlich, wie der Sinn jenes Gesezes einzig dahin geht, daß der Kaiser bei Sachen, welche unstreitig vor die Reichsversammlung gehören, nicht eigenmächtig verfahre, sondern jedesmal bei solchen Sachen der Stände Gutachten förmlich einholen, auch die Stimmfreiheit auf keine Art beschränken solle. Das Gesez hätte ganz anders gefaßt werden müßen, wenn man die Absicht gehabt hätte, alle Reichsgeschäfte im Zweifelsfalle für Comitialsachen zu erklären.

Eben so verhält es sich mit der Verordnung der W. C. Art. 10. §. 1. als wo sich bloß auf den W. F. bezogen wird.

Das praktische Intereße dieses Satzes von der Präsumtion in Reichssachen liegt in meinen Augen darinn, daß solche Sachen, die vor den Kaiser allein gehören, am Ende meist beßer geleitet und besorgt werden als die andern, indem auf dem Reichstage der in der persönlichen Abwesenheit der Fürsten seinen Grund habende
äußerst

äußerst langsame Geschäftsgang und die vielerlei Oppositionen so manches Gute verhindern. Bei manchem Reichsmittelbaren stieg in neuern Zeiten der Wunsch auf, daß die Gränze der Kaiserlichen Reichsministerialsachen ausgedehnter seyn möchte. Es war ein Wunsch, den Drangsale mancher Art gebaren. —

Ehe ich diesen Abschnitt ganz schließe, stelle ich hier noch den Hauptinnhalt in aller Kürze hin.

1) Reichsstandschaft ist nicht Reichsmitregentschaft.

2) Reichsstandschaft hebt das Unterthänigkeitsverhältniß gegen den Kaiser als Reichsoberherrn nicht auf.

3) Reichsstandschaft hat bei vorkommenden zweifelhaften Reichssachen die Präsumtion gegen sich.

Schon in der Ausführung selbst liegt, wie ich glaube auch der Fingerzeig auf die Wahrheit, daß Reichsstandschaft ihrer Natur nach Verbindung mit dem Reichsoberhaupte, nicht aber Trennung von demselben involvirt; daß sie nicht in Unabhängigkeit, nicht in Gesezlosigkeit besteht, und nur durch beständige Hinsicht der Stände auf das allgemeine Wohl und durch reichsverbandmäßige Mitwirkung zu den auf das gemeine Beste des Reiches

ches gerichteten Oberhauptlichen Abſichten, und durch eigne Befolgung der miterrichteten Geſetze und den daraus fließenden Gehorſam gegen das Reichsoberhaupt ihre wohlthätige von den Staatsgrundgeſezen bezweckte Wirkungen erreicht.

Eine Wahrheit, die gleicherweiſe mit ſo vielen andern heutiges Tages in Vergeßenheit gerathen iſt! — Eine Wahrheit, die man jezt erſt zu erkennen anfängt, wo ein triumfirender Feind um Teutſchland eiſerne Würfel ſchwingt.

Drit-

## Dritter Abschnitt.

### Landeshoheit.

Zu wünschen wäre es, wir Teutsche kennten weder dieses Wort noch die die Sache.

Damals, als noch alle teutschen Reichsbürger zu einem einzigen politischen Sisteme vereinigt, keine andre Hoheit als Reichshoheit kannten, wo die integrirende Theile des Reiches noch keine Staaten, sondern blose abgetheilte Gerichtsbezirke, ihre Vorsteher bloße Statthalter des Reichsoberhauptes, nicht aber förmliche Unterregenten waren, da war Teutschland ein Staat von Konsistenz und Festigkeit, der auf Einheit gestüzt, jeden Feind, der gegen die verzehrende Sonne seiner Majestät anflog, zermalmte, jedes Versuches gegen seine Integrität spotten konnte, und als der erste Staat der Welt hervorragte über die übrigen Staaten.

Und dagegen von jener unglücklichen Epoche an, wo die Reichsgerichtsbarkeiten aufhörten kaiserliche Reichsämter zu seyn, und in wirkliche Territorien anfiengen umgewandelt zu werden, wo die Reichs-

Reichserbgerichtsherrn zum Landesterritorialsistem mit einer unseeligen Schwungsucht sich aufschwangen — von da an wankte Teutschlands Integrität, und der entsetzliche Abfall von dem alten Staatsverhältniße erzeugte das Sistem des Partikularintereße's, das die erschütterte Vormauer der Einheit sprengte, und es endlich dahin brachte, daß Privateigennuz das allgemeine Intereße ungescheut mit Füßen treten darf; daß der Teutsche nichts mehr von einem gemeinschaftlichen Vaterlande weißt, daß nur hier und da noch in einer einzelnen Reichsstadt ein Funke von Reichspatriotism glimmt. So traurig diese Schilderung ist, die der dumpfe Schmerz in jeder teutschen Brust herauspreßt, so fürchterlich wahr ist sie auf der andern Seite; und Quader möchten weinen, daß dem so ist. — Es war einst eine Zeit, wo ein einziger Reichsherzog, mit seinem Heerbanne vom Kaiser abgesendet, vermögend genug war, dem mächtigsten Feinde des Reiches Trotz zu bieten, seine Schaaren zu zermalmen, und Teutschland zu deken. Es war eine Zeit, wo beim Anbeginn der Schlacht zwischen Sachsen, Schwaben, Franken und Thüringern ein Streit entstand, wer als vorderstes Glied im Schlachtgetümmel fechten sollte, und wo der Streit durch das Loos entschieden werden mußte. Es war eine Zeit, — — — doch mein Herz bricht unter diesem Rükblike, ich vermag nicht weiter das Gemählde auszuführen. Auch würde es vergeblich seyn. Teutschland ist in Staaten zersplittert, das Reichsterritorium in förmliche bürgerliche Sisteme

zer-

zerſtükkelt, die Reichshoheit durch eine Untergewalt vermindert, Einheit des Staatsintereße's in Individualintereßen geſpaltet. Thaten ſind nicht mehr zu tilgen. Landeshoheit iſt nun einmal da, iſt reichsgeſetzlich beſtätigt.

Die Frage muß daher hier einzig dieſe ſeyn, ob es nicht in den natürlichen und poſitiven Beſtimmungen der Landeshoheit liege, daß jeder Landesherr ſich enge an das gemeinſchaftliche Reichsoberhaupt anſchließe, und im genaueſten Subordinationsverhältniße gegen daſſelbe bleibe? Ich glaube dieſe Frage bejahend beantworten zu können, wenn ich die Landeshoheit näher betrachte.

Landeshoheit iſt die bürgerliche Untergewalt über einen intergrirenden Partikularſtaat des teutſchen Reiches.

Sie iſt bügerliche Gewalt in ſo fern ſie in der öffentlichen Herrſchaft über alle und jede auf einem Lande befindliche Perſonen und Sachen beſteht. Aber ſie iſt eine bürgerliche Untergewalt, inſofern ſie blos einen Partikularſtaat zum Wirkungskreiſe hat, der als Partikularſtaat ein einem höhern Ganzen untergeordneter Theil iſt. Sie iſt alſo keine freie Gewalt, ſondern ſteht in dem genaueſten Verhältniße zu dem Reichsſtaat, der als Generalſtaat alle die Partikularſtaaten mit ihren Beherrſchern und Unterthanen in ſich faßt.

Sie

Sie ist auch keine höchste Gewalt, weil sie immer nur auf ein einem Ganzen als Theil einverleibtes Land geht, und also wieder unter einer andern Superiorität steht. Endlich aber ist sie auch keine vollständige Hoheit in subjektivischer Beziehung, weil einzelne Hoheitsrechte über das Land, dem Regenten des Ganzen, dem Kaiser vorbehalten sind.

Aus diesem allen fließen zwei wesentliche Bestimmungen der Landeshoheit, die auf derselben genaues Verhältniß zum Reichsoberhaupte hinführen, und wodurch sie sich von eigentlicher Staatshoheit merklich unterscheidet. Diese Bestimmungen sind 1) die Abhängigkeit von der in des Kaisers Händen befindlichen Reichsmajestät und, 2) die kaiserliche Innhabung einzelner in der Territorialgewalt selbst begriffener Rechte.

I. Abhängigkeit der Landeshoheit vom Reichsstaate, und dessen Oberherrn, dem Kaiser.

Es existirt kein Reichsgrundgesez, das die Landeshoheit ihrer Abhängigkeit von der Reichsstaatsgewalt entbände, und sie in die Sfäre einer independenten Staatshoheit erhöbe. Vielmehr finden wir sowol in dem Westfälischen Frieden als in der Wahlkapitulation, daß alle teutsche Territorialstaaten als solche unmittelbare Bestandtheile des teutschen Reichsterritoriums von den Ständen selbst angesehen werden, die in einen höhern Staatskörper

körper zusammen vereiniget sind. Und nirgends finden wir ein Grundgesez, welches mit dem Satze, daß jedes teutsche Landesterritorium zum bürgerlichen Sisteme des Reiches gehört, und der Reichshoheit untergeordnet ist, im Wiederstreit stünde.

Daraus fließt ganz unwiedersprechlich, daß kein Landesherr sich seiner Landeshoheit zum Nachtheile des gesamten Reichs bedienen kann, ohne einen Hochverrath zu begehen, daß der Landesherr im genauesten Subjektionsverhältniße zum Reichsoberhaupte steht, und daß alle Handlungen des Landesherrn überhaupt dem Reichssisteme und Reichsintereße untergeordnet seyn sollen.

In unsern neuern Zeiten hört man hin und wieder Publizisten von einem Föderativverhältniße sprechen, in welchem sich die teutschen Landesherren zum gesamten Reiche befänden. Die Zusammenvereinigung der teutschen Landesherren unter das Reichssistem wird nach dieser Lehre des Föderalism als bloſe Conventionalbestimmung konföderirter Staaten angesehen, als eine Bestimmung, welche dieselbe unter einander nicht als Gesez, sondern als bloſe Bedingung des Verbandes, auf welchem das Reichssistem beruhen solle, vertragsweise ausgemacht hätten. So wie nun kein Monarch durch Schließung eines Bündnißes an seiner Souveränität und Hoheit das geringste verliere, so — sagen die Verfechter dieses Sistems — behalte auch ein jeder der konföderirten teutschen Landesherren eine völlige selbst-
ständi-

ständige Hoheit mit dem ganzen Innbegriff aller Majestäts- und Regierungsbefugniße über sein Land. Die Superiorität der teutschen Fürsten wäre demnach durch die Konföderation ins Reichsfistem nicht aufgehoben, sondern sie bestünde wesentlich fort. Die Reichsgrundgeseze behielten die Natur wahrer Konföderationsinstrumente, weil sie nach einer freien willkührlichen Verabredung entworfen wurden. Der Landesherr hätte als Konföderationsgenoße blose Bundespflichten, der Kaiser wäre nur der Chef conföderirter Souverains (llur primus inter pares.)

Allein dieses Sistem des Föderalism in Betreff des Verhältnißes der Landesherrn zum Reiche, ist offenbar so ungegründet als das von der aristokratischen Staatsform des Reiches, oder von der Reichsmitregentschaft der Stände.

Unsere Reichsgrundgeseze sprechen von Unterthanen des Reichs, der Westphälische Friede und die Wahlkapitulation erkennen einen Reichsstaat an, und sprechen nirgends von einem blosen Reichsföderalism. Kurfürsten, Fürsten und Stände werden darinn als der Reichsmajestät untergeordnete Rdichsbürger dargestellt. Es wird in denselben ein Unterschied gemacht zwischen Reichsunmittelbaren und Mittelbaren Unterthanen *) und also hiemit ein

---

*) I. P. O. Att. III. §. 2. Art. V. §. 29. „immediate vel „mediate Imperio *subjectis*" W. C. XV. §. 1. W. W. „die

ein Subjektionsverhältniß, nicht aber eine Conföderation bezeichnet und angedeutet. Freie Genoßenschaft ist daher das Verhältniß der teutschen Landesherrn zum Reichsssteme zuverläßig nicht, und mithin müßen auch die aus diesem Conföderationsprinzip gezogene weitere Folgerungen, als auf falschen Prämißen beruhend über den Haufen fallen.

Eben deßwegen ist es aber meinem geringen Ermeßen nach ein Fehler, im neuern Reichsstile, daß man sich des Wortes: Reichsverbands und Reichsverbandmäßig so häufig bedient. Die etimologische Entzifferung dieser Worte muß nothwendig auf den Föderalism hinführen, und es wäre daher zu wünschen, daß man sich zum wenigsten lieber des Worts: Reichsstaatsverband bedienen möchte, um alle Folgerungen aus jenen Ausdrüken auf einmal abzuschneiden.

Die teutschen Landesstaaten sind Partikularstaaten, die der obersten Gewalt des Reichsstaats, als eines sie umfaßenden Generalstaats untergeordnet sind. Dieser Satz bleibt unerschütterlich, fest, so lange unsre Reichsgrundgesetze bestehen. Daraus fließt aber zunächst, daß die Pflichten der Landesherrn gegen das Reichsoberhaupt keine

„die mittelbare Reichs — unterthanen. Art. XI. §, 10.
„Wofern sich aber dergleichen bei Mediatständen, und „andern so dem Reich *immediate* nicht — — unter„worfen."

E

keine bloſe konventionelle Verbindlichkeiten ſind, ſondern auf einem wahren Staatsſubjektionsverhältniße beruhen, und daher vom Geſez geboten ſind. Inſoferne nun zwiſchen einer geſezlichen und blos konventionellen Verbindlichkeit immer der große Unterſchied iſt, daß erſtere bürgerlichen Ungehorſam leztere hingegen Bundbrüchigkeit zum Korrelat haben, ſo iſt jede Unterlaßung landesherrlicher Pflichten gegen das Reich nicht eine bloſe Brechung eines Allianztraktates, ſondern Staatsverbrechen und folglich der Ahndung unterworfen.

Die Beſtimmung, daß die Landeshoheit der Kaiſerlichen Reichsmajeſtät unterworfen iſt, und die Ausübung derſelben gegen keine Reichspflicht geben darf, iſt beſonders in Anſehung des landesherrlichen Rechts Territorialbündniße zu ſchliesſen, im I. P. O. Art. 8. §. 2. ausdrüklich enthalten. Dort iſt ſehr beſtimmt verordnet, daß dergleichen Bündniße nicht wider den Kaiſer und das Reich gerichtet ſeyn dürfen, auch dabei überall der Eid, womit jeder Stand dem Kaiſer und Reiche zugethan iſt, in Obacht behalten werden ſolle.

Alles das ſind im Grunde bekannte Wahrheiten, die jeder in das teutſche Territorialſtaatsrecht Eingeweihte kennt. Aber die eben ſo wichtige Wahrheit, daß ihre Befolgung einzig und allein auf Befeſtigung der Reichsintegrität hinführt, iſt in den neuern Zeiten in eine ſolche Vergeßenheit gerathen, daß man nothwendig darauf aufmerkſam ma-

machen muß. Unzertrennte Anschließung der Landesherrn an das Oberhaupt, der Unterbefehlshaber an ihren Oberbefehlshaber — liegt in den rechtlichen Bestimmungen der Landeshoheit, und ist also nicht blos von der Politik geboten. Der Theil ist immer nur Theil, muß im Verhältniß zum Ganzen als Theil berüksichtiget werden, und bleibt dem Ganzen subordinirt Reichssubordination ist es, die alle Landeshoheit von Souveränität und Eigenmacht entfernt, und derselben die schöne Richtung zu einer Gewalt giebt, deren Bestimmung keine andre ist, als unter Reichsoberhauptlicher Autorität und Lenkung zum Reichssysteme, dessen Aufrechthaltung und Unverletzbarkeit, mit Beseitigung aller Privatrüksicht mitzuwirken.

Hauptsächlich aber muß ich hier noch bemerken, daß aus der Subordination aller landesherrlichen Regierung unter die Kaiserliche Reichsmajestät in Ansehung der mittelbaren Unterthanen noch ein wichtiger Satz fließt. Alle Territorialgerichtsstühle sind nemlich in dieser Hinsicht den höchsten Reichsgerichten untergeordnet. Vermöge der statthabenden Subordination müßen alle bei den Territorialgerichten abgeurteilte Rechtssachen von dem sich dadurch beschwert achtenden mittelbaren Unterthanen an eins der höchsten Reichsgerichte gebracht werden können. Wenn nun aber gewiße Territorialgerichte mit der Inappellabilität privilegirt sind, so ist dieß eine Ausnahme vom ordentlichen Rechtsgang, die allezeit der striktesten Auslegung unterworfen ist.

E 2 Hier-

Hieraus folgt, daß von einem Territorialgerichte, das ein noch so unumschränktes Privilegium gegen die Appellation hat, dennoch wegen Nichtigkeiten, Rechtsversagungen und Rechtsverzögerungen an die höchsten Reichsgerichte die Zuflucht genommen, und bei denselben geklagt werden kann. Das Gegentheil führte auf Souveränität der Landesherrn, stritte gegen die Abhängigkeit aller Landeshoheit von der Reichsstaatsgewalt, und schlöße den mittelbaren Unterthanen von aller Theilnahme am bürgerlichen Sisteme des Reichs und deren Wohlthaten gänzlich aus. —

II. Kaiserliche Innhabung einzelner in der Territorialgewalt selbst liegender Rechte.

Die Kaiser entäußerten sich der ihnen über die integrirende Theile des Reiches in ältern Zeiten zugestandenen Reichsterritorialgewalt nicht auf einmal, sondern blos succeßiv. Sie verliehen den Herzogen, Grafen und Reichslandeigenthümern ein Reichsregal nach dem andern erb- und eigenthümlich, aber immer hatten sie sich gewiße Hoheitsrechte vorbehalten, welche niemals durch eine Konzession an die nachherige Landesherrn kamen. Diese kaiserliche Hoheitsrechte auf den sämtlichen einzelnen Territorien der teutschen Lande kann man nun füglich Kaiserliche Reservatrechte nennen, weil sie auf dem Faktum eines Vorbehalts beruhen.

Diese Kaiserlichen Reservatrechte sind aber
haupt-

hauptsächlich eine von den Bestimmungen, die auf das genaue Verhältniß der landesherrlichen Gewalt zum Reichsoberhaupte hinführen. Die Kaiserliche Konkurrenz und die ausschließlichen Majestätsgerechtsamen des Oberhaupts in den einzelnen Territorien sind, so zu sagen, das Band, wodurch jeder teutsche Partikularstaat in näherer Verbindung mit dem Reichsoberhaupte steht, und woran deutlich zu sehen ist, daß der Landesherr keine unumschränkte Staatshoheit hat. Aber es gebührt denselben auch um so mehr Achtung, als sie wahre Ueberbleibsel der alten Reichsterritorialgewalt des Kaisers sind, denen von den Territorialherrn volle Wirksamkeit gelaßen werden muß, weil im Gegentheile der Reichsmajestät offenbar zu nahe getreten würde.

* * *

Ich glaube durch das bißherige gezeigt zu haben, was Reichsunmittelbarkeit, Reichsstandschaft und Landeshoheit nach ihren gesezlichen Hauptbestimmungen sind. Offenbar führt der Geist dieser Bestimmungen auf Unzertrennbarkeit der unmittelbaren Reichsglieder vom Reichsoberhaupte, auf immer nähere reellere Anschließung und Hingebung an daßelbe. Offenbar ist also diese nähert Anschließung an das Reichsoberhaupt zum Behufe künftiger Reichsintegrität nicht blos politisch- sondern auch rechtlich nothwendig, d. h. in den Gesezen gegründet. Diese nähere Anschließung besteht auch
of-

offenbar nicht in einer Neuerung sondern blos darinn, daß Kaiserliche Rechte, die man bisher bestritt oder nicht anerkennen wollte, nunmehr anerkannt werden, und auf diese Art das Verhältniß des Reichsoberhaupts zu den Ständen fester und zusammenhängender als zuvor — wohlthätige Wirkungen für Einheit und Integrität des Reiches verbreite. —

Und nun — ich schließe.

Doch sey es mir hier erlaubt, den Empfindungen freien Lauf zu laßen, von denen sich das Herz bei den bisherigen dogmatischen Dißkußionen durchdrungen fühlte. Ich bin Mensch, — kann mein Gefühl nicht verläugnen, und sehe mich erleichtert bei den Ergießung deßelben.

Es war schneidend für eine teutsche Brust, mit anzusehen, wie bisher Verachtung und Nichtbeherzigung jener Wahrheiten das teutsche Vaterland nach und nach immer mehr erschüttert, und zulezt in den jezigen hartnäkigen Kampf zwischen Seyn und Vergehen gestürzt, an den Rand des Abgrunds geschleudert hat. Es war schneidend für ein teutsches Herz mit anzusehen, wie aller Gemeingeist und aller Patriotismus erlosch, und Teutschland unter seinen Namen gestürzt wurde. Und es war Radstoß — mit anzusehn, wie die Gesezeungescheut verlezt, und die heiligsten Bande, die an das Oberhaupt knüpften, durch die Sirenentriller
erfin-

erfinderischer Intriguen schlaff gemacht wurden, daß
es zulezt dahin kam, wo wir jezt sind. — Teutsche! Weß ist die Schuld, wenn jezt von Teutschlands geographischem Umfange abgerißen, und die
Integrität geschändet wird. Des Oberhauptes war-
lich nicht! That doch dieses allein, und längst
verlaßen von Teutschland, alles, was der Rest
seiner Kräfte vermochte! — Dem Blute erschlage-
ner Oesterreicher haben die Staaten jenseits des
Rheinstrohms gelegen, es zu danken, wenn sie jezt
nicht auch umgewühlt werden, wo Staatenum-
wühlung gleich einer um sich greifenden Flamme
ganze Nationen verzehrt. Möchte doch nicht auch
Undank die Teutschen noch entehren! Noch that
für Teutschland kein Kaiser, was dieser that.
Gewiß! Ihm wäre ein leichtes gewesen, Teutschland Preiß zu geben — für andre Staaten, denn
seiner Verbindlichkeit gegen Teutschland war er loos,
als teutsche Treue und teutscher Muth gewichen
war. Gesunkene Söhne Teutschlands! Dankt es
dem Oberhaupte mit Rührung daß Ein Theil, daß
der größte Theil noch gerettet ist. Wenn jezt der
andere Theil zum Opfer wird, sprecht, wenn
trift die Imputation? Zurük fällt die Schuld auf
das mit der Landeshoheit entstandene Seßionssi-
stem, das Teutsche mit Teutschland Unzucht treiben, das die Hände von Scheintugend zu der Be-
flekung sich führen läßt, und das der wahre Teutsche haßen muß., „haßen — wie den Wurm des
„Paradieses, der den ersten falschen Wurf in die
„Schöpfung that, worunter schon das fünfte Jahr-
„tausend blutet."

Nicht

Nicht dringende Ermahnungen, nicht väterliche Aufforderungen des Opfer auf Opfer darbringengenden Oberhauptes vermochten die Befolgung der an den Reichsstaat kettenden Gesetze patriotischer Unzertrennlichkeit und Einigkeit zu bewirken. Es war dieß der jezigen Wunde vorbehalten. Wohlan! so müße dann Teutschlands Integrität für die Zukunft gesichert seyn durch beßere reellere Zusammenvereinigung der Reichsglieder unter ihr gemeinschaftliches Oberhaupt, und auf dieser, als auf einem unerschütterliche Grunde stehen! —

„Zerstükket den Donner in seine einfachen Silben, „und nicht einmal Kinder werdet ihr mit schrekken „können. Schmelzt sie zusammen in Einen Schall, „und der majestätische Lauf wird Himmel und Erde „bewegen."

Löset die Bande auf, die an das Oberhaupt knüpfen, und der kleinsten Macht ist es leicht — euch zu zernichten. Knüpft sie enger und fester mit patriotischem Muth, und zitternd stürzen Nationen wieder vor eurer Macht, die kein Feind zu Boden werfen kann, so lange nicht Cherubim unter ihm dienen!

www.ingramcontent.com/pod-product-compliance
Lightning Source LLC
Chambersburg PA
CBHW020731100426
42735CB00038B/1877